Couvertures supérieure et inférieure
manquantes

CONFLANS EN BASSIGNY

ET

SA DÉVOTION A Ste BARBE.

CONFLANS EN BASSIGNY

ET

SA DÉVOTION A Ste BARBE,

PAR L'ABBÉ MOREY,

CURÉ DE BAUDONCOURT.

BESANÇON,

IMPRIMERIE ET LITHOGRAPHIE DE J. JACQUIN,

Grande-Rue, 14, à la Vieille-Intendance.

—

1866.

AVERTISSEMENT.

L'ancien bourg de Conflans n'est pas seulement remarquable comme station du chemin de fer de Nancy à Gray, résidence de familles riches et honorables, et rendez-vous de chasses brillantes. Il est aussi le siége d'une confrérie nombreuse dédiée à sainte Barbe, et dont la fête attire chaque année un grand nombre de pèlerins. Aucun divertissement profane ne donne à ce pèlerinage d'autres attraits que ceux de la dévotion; aucune confrérie du même genre n'est aussi renommée que celle de Conflans, et ne voit les populations voisines accourir aussi fidèlement à ses pieux exercices.

Nous avons cherché les causes de cet empressement, et en dehors des considérations de la foi, nous avons cru les trouver dans des motifs particuliers de tradition et d'histoire. L'histoire de Conflans est difficile à étudier, parce que les matériaux en sont épars à Nancy et à Bar-le-Duc; nos archives départementales et provinciales sont aussi muettes que nos Annuaires sur ce point. C'est à ce défaut d'indications et à la nouveauté du sujet que nous attribuons l'empressement religieux avec lequel les confrères de sainte Barbe ont écouté ce discours fait à la hâte, et qu'ils ont exprimé le désir d'avoir à leur disposition des renseignements incomplets, il est vrai, mais pourtant utiles, pour constater l'importance de la confrérie et faire revivre des souvenirs honorables pour un pays dont le passé ne fut pas sans gloire. J. M.

SERMON

POUR LA FÊTE DE SAINTE BARBE

A Conflans (4 décembre 1865).

Mementote præpositorum..... quorum intuentes exitum conversationis, imitamini fidem. (Hebr., XIII; 7.)

« Souvenez-vous de vos ancêtres, et en considérant
» les exemples qu'ils vous ont donnés, imitez leur foi. »

L'apôtre saint Paul, après avoir rappelé aux Hébreux les magnifiques exemples de courage et de confiance en Dieu qu'avaient donnés leurs ancêtres, terminait la plus touchante de ses épîtres en les exhortant à marcher sur les traces de cette nuée de témoins qui les avaient précédés dans le chemin de la vie. — Souvenez-vous toujours, leur disait-il, de ces hommes généreux dont l'attachement à la loi de Dieu a fait la gloire de notre nation, et en considérant les exemples qu'ils nous ont laissés, imitez leur foi : *Mementote præpositorum vestrorum*. Appelé en ce jour à vous exposer les motifs pour lesquels vous devez honorer l'illustre sainte Barbe, vierge et martyre, et conserver l'antique confrérie instituée en son honneur dans l'église de Conflans, nous ne voulons pas faire autre chose que ce qu'a fait l'Apôtre des nations lui-même, c'est-à-dire mettre sous vos yeux les faits qui sont venus à notre connaissance, de la religion et de la piété de vos ancêtres, pour conclure, avec lui, qu'il faut continuer leurs traditions et marcher sur leurs traces. Heureux si en donnant quelques détails ignorés, je puis rehausser la gloire de votre antique protectrice, soutenir l'honneur de sa confrérie, répondre à la confiance de votre pasteur, et à la pieuse attente d'une multitude dont les regards sympathiques m'annoncent la bienveillante indulgence.

Entre toutes les puissances qui exercent quelque autorité sur l'esprit et sur le cœur, il en est une que les hommes respectent involontairement, et bien qu'elle semble être une puissance en quelque sorte négative. C'est celle du temps. L'homme de cœur admire les talents et le génie, il s'incline devant le courage et la vertu, mais il est saisi de respect devant les personnes ou les choses qui portent l'empreinte des âges écoulés. Vous suspendez votre marche pour admirer ce vieux chêne dont les rameaux gigantesques ombragent le chemin, mais vous vous découvrez avec respect devant les cheveux blancs du vieillard, et les ruines qui vous rappellent un noble passé ne vous laissent point sans émotion.

Et pourquoi des objets qui n'ont souvent par eux-mêmes qu'une mince valeur, vous semblent-ils plus respectables et plus chers que d'autres dont l'origine est récente ? C'est qu'ils sont pour nous des monuments véritables et des témoins du passé. Plus ils sont anciens, plus ils paraissent avoir de poids et déposer en faveur de la vérité. Ces vieilles églises et ces vieux saints que vous rencontrez quelquefois, et qui au point de vue de l'art et de la décoration n'inspirent que la pitié, vous les aimez pourtant, vous y êtes instinctivement attachés, parce qu'ils vous prouvent l'antiquité de votre foi, et vous montrent que vos aïeux avaient les mêmes croyances, les mêmes espérances que vous avez vous-mêmes. Ces vieilles confréries qui ont survécu aux siècles et passé à travers les orages des révolutions, vous apprennent que dans tous les temps, la protection des saints fut efficace et proportionnée aux honneurs qui leur ont été rendus. De même que vous êtes fiers des vertus ou des biens héréditaires de vos familles, vous avez le droit de l'être de la piété et des institutions de vos aïeux. Et grâces à Dieu, le passé de votre vieille paroisse n'est pas sans gloire, et ses annales ne sont point stériles en vertu.

Les paroisses situées au bord des rivières et à l'entrée des plaines remontent généralement à une haute antiquité. Bien que des documents précis nous manquent sur ce point, il nous en reste assez pour dire avec certitude que ce furent les moines de Luxeuil qui constituèrent les paroisses de cette contrée, et que dès le VIIe siècle les disciples de saint Colomban, si zélés pour porter au loin la connaissance du vrai Dieu, établirent sur les rives de la Sémouse et de la Lanterne, des colonies agricoles dont ils furent d'abord les ouvriers, et dont ils devinrent plus tard les seigneurs. Cette terre, fécondée par les sueurs des Colomban, des Eustaise et des Valbert, arrosée du sang des Berthaire et des Attalène (1), devint bientôt un des points les plus florissants du diocèse de Besançon. Un diplôme de Louis le Débonnaire nous fait connaître dès l'an 815, les églises de Jasney et de Briaucourt, qui conservèrent pendant des siècles d'intimes relations avec celle de Conflans (2). Toutefois, le premier document authentique où il soit fait mention de Saint-Maurice de Conflans est une bulle du pape Ca-

---

(1) Conflans faisait partie de la terre primitive de Luxeuil ; il n'est éloigné que de 5 ou 6 kilomètres du lieu où les saints martyrs furent mis à mort.

(2) Les plus anciens titres nous montrent l'église de Briaucourt comme *membre* et filiale de Conflans.

lixte II (1120), énumérant cette paroisse parmi les possessions de Luxeuil. Trois autres papes du xɪɪᵉ siècle, Lucius II, Eugène III et Alexandre III (1178), confirment cette première donation, dont les effets furent tellement stables, que jusqu'en 1790, l'église et la cure de Conflans relevèrent de la célèbre abbaye.

A la vérité, ces documents ne nous disent rien de l'importance de la paroisse, mais des indices certains nous apprennent qu'elle s'accrut rapidement. On était à l'époque où la guerre semblait être l'état normal de la société, où les luttes de seigneur à seigneur obligeaient à multiplier les lieux de refuge et les places fortes. Conflans dut à sa position exceptionnelle le triple honneur d'être ville de guerre, ville de refuge, et poste avancé de la terre de Luxeuil.

Placé à l'entrée du défilé qui conduit aux forêts des Vosges, défendu de trois côtés par des rivières dont les eaux savamment ménagées baignaient ses hautes murailles et remplissaient à volonté les fossés profonds qui entouraient son enceinte, adossé à une colline dont le versant était couronné par un château formidable, l'oppidum de Conflans devint, au XIIIe siècle, une des meilleures forteresses de la contrée et fut pendant 400 ans le point de mire de tous les partis qui se disputaient les frontières du malheureux comté de Bourgogne. Une bulle du pape Honorius III (19 février 1222) nous signale même une église nouvelle s'élevant dans l'enceinte de la ville, dédiée à saint Eloi et soumise, comme la paroissiale de Saint-Maurice, à l'abbaye de Luxeuil. C'est alors qu'intervient une transaction qu'il est nécessaire de connaître pour comprendre quelque chose aux singulières destinées de Conflans en Bassigny.

Les abbés de Luxeuil, obligés sans cesse de se défendre contre des voisins jaloux et mal intentionnés, durent de bonne heure chercher des protecteurs et des gardiens plus puissants qu'ils ne l'étaient eux-mêmes. Ne pouvant s'adresser aux comtes de Bourgogne, qui étaient leurs ennemis naturels, ils jetèrent les yeux sur les comtes de Bar, alors puissants et respectés, et dont les domaines avoisinaient les leurs. Par un traité d'association (v. 1240), ils les établirent gardiens de la terre de Luxeuil, leur abandonnant entre autres droits celui de mettre garnison dans quelques-uns de leurs châteaux ou places fortes. Ce fut ainsi que Conflans, recevant les troupes de Bar et de Lorraine, offrit dès lors le spectacle singulier d'une ville isolée, placée à dix lieues en avant dans les terres étrangères, et obligée de se défendre sans cesse contre les ennemis qui l'entouraient. Les nouveaux maîtres de la ville comprirent bien le danger de cette position. Persuadés que la liberté est un gain pour celui qui la donne, ils accordèrent, au mois de mai 1249, à leur bonne ville et châtel de Conflans, des franchises fort étendues, qui, en gagnant le cœur de leurs sujets, firent leur prospérité.

Cet acte est d'autant plus honorable pour la ville, qu'il est le plus ancien de ce genre connu dans notre département, et que Conflans partage avec Salins l'honneur d'être la première ville affranchie du comté de Bourgogne. Les bourgeois de Conflans reçurent, par cette charte mémorable, le droit de se gouverner par eux-mêmes, de choisir leurs représentants, d'avoir un tribunal pour juger leurs délits, et, tout en étant tenus au service militaire, le droit d'être commandés sur les champs de bataille par leurs chefs particuliers, comme les grandes communes du moyen âge (1). Cette organisation communale parut si belle aux populations du voisinage, que lorsque les villes du bailliage d'Amont furent affranchies à leur tour, elles demandèrent à l'être, « selon les us, coutumes et manière de la bonne ville de Conflans (2). »

Les priviléges accordés par cet acte souverain du comte Thiébaud de Bar eurent les conséquences les plus heureuses pour la prospérité de la ville : bon nombre d'habitants des environs vinrent s'y fixer, le commerce y devint florissant, et, grâce au respect qu'on avait alors pour les traités, Conflans demeura chef-lieu d'une prévôté considérable pendant 541 ans (3).

Toutefois il subit toujours les conséquences

---

(1) Archives de la cour des comptes du Barrois.
(2) Archives de Faverney, Luxeuil, Faucogney, etc.
(3) Archives de Nancy, titre Prévôté de Conflans.

de sa position. Forteresse avancée au milieu d'un pays ennemi, Conflans n'offrait une retraite sûre à ses bourgeois qu'à condition pour eux d'avoir toujours les armes à la main. Impatients de rester derrière leurs murailles, ils vont souvent faire des excursions sur le territoire ennemi, et le succès couronne leurs efforts. Un jour ils vont à Clairefontaine enlever la mère du duc de Bourgogne (1347) avec son escorte; une autre fois ils vont défier les Vésuliens et rapportent de riches dépouilles. Ces expéditions aventureuses appellent de sanglantes représailles, et je trouve, à l'entrée du carême de 1348, un fait qui constate merveilleusement le rôle de ville de refuge que Conflans jouait en ces temps malheureux. Les prévôts comtois, jaloux de venger les injures reçues, veulent frapper un grand coup ; ils assemblent leurs hommes d'armes et viennent, à deux reprises, un jour de fête, pour surprendre la ville et piller la terre. Prévenus secrètement par leurs espions, les habitants avertissent aussitôt leurs amis de Mersuay, la Villedieu, Dampierre et autres, qui viennent en toute hâte se réfugier avec ce qu'ils ont de précieux derrière leurs murailles. Tandis que les hommes valides font bonne garde sur les remparts, le reste de la population assiste tranquillement aux offices, et les capitaines ennemis constatent naïvement dans leur rapport : « qu'on ne peut tirer aucun fruit de ces expéditions, attendu que tout le voisinage se retrait à Conflans, ville de bonne assiette et grande force (1). »

Quelques années plus tard, Conflans devient dans une circonstance mémorable le refuge des populations du val de Meurcourt, ravagé par les Anglais et les grandes compagnies. Velorcey, Meurcourt, Equevilley, sont réduits en cendres, l'hôpital de la Villedieu est détruit, et c'est grâce encore aux bonnes murailles de Conflans que les populations voisines durent leur salut, et évitèrent d'être traitées comme le furent celles de Breuches et de Sainte-Marie, par les brigands étrangers. Que dirai-je de plus ? En citant d'autres faits de ce genre, je ne ferais

---

(1) Archives du Doubs ; chambre des comptes, V. 164.

qu'allonger inutilement ce discours (1). Je crois en avoir dit assez pour indiquer le rôle que jouait la vieille forteresse dans le pays, les alarmes continuelles dans lesquelles vivaient ses habitants, les relations qui existaient avec les voisins, et la reconnaissance que ceux-ci avaient vouée à leur ville de refuge ; assez pour vous faire comprendre comment la dévotion à sainte Barbe, protectrice des gens de guerre et des mourants, grandit et jeta de profondes racines sur cette terre si souvent visitée par le fer et la flamme, si souvent trempée du sang de ses valeureux habitants.

L'homme a beau déployer les ressources du génie et du courage, il ne se sent jamais si fort

---

(1) En dehors des guerres générales où la prévôté de Conflans eut plus ou moins à souffrir, nous pourrions citer nombre de guerres particulières où les murailles de la forteresse ne furent pas inutiles aux voisins. Les guerres d'Hugues de Montjustin (1293); Hugues et Othon de Saint-Loup (1307-14); Jacques de Baudoncourt (1343); Hugues de Mandre (1423); Thiébaud de Neuchatel (1458), peuvent en fournir des preuves. Si Briaucourt fut entouré de murailles vers 1340, ce fut surtout pour soulager Conflans, dont l'enceinte ne suffisait plus à contenir tous les retrahants. (*Arch. de l'abbaye de Luxeuil.*)

que lorsqu'il est appuyé de Dieu. Les rudes soldats du moyen âge l'avaient bien compris, et pour ne point l'oublier, ils consacraient toujours à quelque saint les tours et les portes de leurs remparts. Chez eux les pieux souvenirs de la religion s'entremêlaient partout aux trophées des armes, et les chants de la prière s'unissaient d'ordinaire au bruit des combats. Nulle part les souvenirs religieux ne s'allièrent plus intimement qu'ici aux souvenirs militaires.

Elle était belle, sans doute, la paroisse Saint-Maurice de Conflans au XV° siècle, alors qu'une communauté de prêtres fils de bourgeois de la ville, desservait les nombreuses chapelles fondées dans l'église et le château, et donnait aux cérémonies du culte l'éclat qu'elles peuvent avoir dans les grandes cités. Elle était belle, sans doute, la dévotion de vos ancêtres, qui érigeaient dès l'an 1338 la chapelle de Marie Immaculée, et mettaient leur confiance dans la sainte Croix du Sauveur, dans des noms illustrés par des guerriers comme saint Michel, saint Maurice et saint Martin, ou des thaumaturges, comme saint Nicolas et sainte Barbe, qui tous avaient des autels dans la vieille forteresse (1). Mais combien elle me semble plus touchante quand je la vois faire passer la dévotion à sainte Barbe avant toutes les autres !

C'est au XIVe siècle que commencèrent dans notre diocèse les confréries instituées sous l'invocation particulière d'un saint. Presque toutes durent leur origine aux malheurs des temps, ou à la reconnaissance des peuples. Après les grandes pestes et la mortalité de l'an 1349, commencent les confréries de saint Sébastien, saint Antoine et saint Taurin ; après les grandes guerres de la féodalité, les confréries de saint Georges, saint Martin et sainte Barbe. Une voix autorisée (2) vous a retracé l'année dernière, mieux que je ne saurais le faire, les vertus et les mérites de cette illustre servante de Dieu, dont le crédit semblait croître à mesure qu'on s'éloignait du temps où elle avait vécu. Un miracle

---

(1) Archives du Doubs ; pouillé du diocèse, v° Conflans.
(2) M. l'abbé VILLEMOT, directeur au séminaire de Besançon, ancien curé de Conflans, auteur de l'*Histoire de sainte Barbe*.

fameux opéré par son intercession, sur la personne d'un homme brûlé par l'explosion d'un monceau de poudre, fit grand bruit au xv° siècle, et excita la dévotion des peuples. Sainte Barbe, invoquée déjà comme protectrice contre la mort subite, devint la patronne des gens de guerre, surtout de ceux qui maniaient les terribles engins vomissant la mitraille et la mort, ou qui travaillaient à la défense des places assiégées. N'hésitons point à le reconnaître : c'est à sa position, à ses dangers, à ses alarmes continuelles(1), que Conflans dut sa dévotion principale. Sans cesse exposés aux hasards de la guerre, aux surprises de la mort, ses habitants se vouèrent de bonne heure à la vierge protectrice des combats, et rien ne put la leur faire oublier. Ni la rapide succession des pasteurs dans le xvi° siècle, ni les efforts de l'hérésie, qui trouva moyen de se

---

(1) La crainte des ennemis et de leurs surprises était si grande, que pendant le xv° siècle, les lettres de franchises de la ville furent enfouies dans la terre, afin d'échapper aux recherches des envahisseurs. Elles y restèrent si longtemps qu'elles y furent gâtées et pourries complétement. (*Charte d'Antoine de Lorraine.* Bar-le-Duc, 1588.)

glisser dans la ville, et la livra peut-être par trahison aux troupes allemandes, qui la brûlèrent en 1569, ne peuvent y porter atteinte. Et quand arrive le jour, mauvais entre tous, où la forteresse de Conflans subira le sort des armes et portera la peine de sa vieille gloire, l'antique statue de sainte Barbe, debout sur la place publique, est encore l'objet de la vénération de tous.

Nous sommes en l'an 1635. Victime destinée à périr par la politique française, la malheureuse Franche-Comté de Bourgogne se voit assaillie pendant dix ans par le triple fléau de la guerre, de la famine et de la peste. Charles IV de Lorraine, souverain légitime de Conflans, était poursuivi avec une haine implacable par les Français et leurs tristes alliés d'Allemagne et de Suède. Sa bonne ville de Conflans devait naturellement avoir le sort des autres places fidèles. Dans une attaque furieuse qu'ils soutiennent vaillamment, les habitants, éperdus, voient leurs murailles forcées, la ville incendiée, les femmes et les enfants massacrés. L'œuvre de destruction est si complète, qu'un silence de mort plane sur ces ruines pendant longtemps, et que quatre ans après, une enquête du parlement de Dole nous apprend que de toute la communauté de Conflans, il reste quelques familles errant dans les bois, et cinq ou six hommes réfugiés au château de Baudoncourt ! Pour comble de malheurs, le vieux château, dont les solides murailles ont résisté à tous les efforts, devient un repaire de brigands qui, « n'étant avoués d'aucun souverain, » font la guerre pour leur compte (1639-42) et deviennent la terreur du pays (1).

Après plusieurs années d'exil et de souffrances, les fugitifs reviennent enfin, et c'est alors que nous devons admirer la foi vive et profonde de vos aïeux. Tandis qu'ils pleurent sur les ruines de leur patrie et relèvent péniblement leurs maisons détruites, ils se réjouissent de retrouver intacte la vieille statue de sainte Barbe, miraculeusement préservée des flammes dans l'incendie général, et le premier acte public de

---

(1) Manuscrit d'un auteur contemporain racontant ces expéditions.

la communauté nouvelle qui nous soit parvenu, est un monument de sa dévotion à sainte Barbe, puisque c'est l'institution, ou plutôt le rétablissement, de sa confrérie. Les habitants en dressent les statuts d'un commun accord, pour les soumettre ensuite à l'autorité diocésaine. Analysons-les rapidement.

Voulant perpétuer le souvenir du miracle opéré en 1635, remercier sainte Barbe des faveurs obtenues de longue date par ses prières, et mériter sa puissante protection, les habitants échappés au triple fléau décident : « que le 4 décembre de chaque année et à perpétuité, la fête de sainte Barbe sera célébrée solennellement dans l'église de Conflans; que l'image, escortée des confrères, sera portée dans les rues et à la lueur des flambeaux au bâtonnier qui doit la recevoir; que tous les confrères s'approcheront des sacrements le jour de la fête ou pendant l'octave; qu'on n'admettra dans la confrérie que des chrétiens de vie bonne et édifiante; que les scandaleux et les brouillons seront éloignés; que chacun devra, au temps de la fête, s'employer à apaiser les haines, divisions et querelles pouvant exister entre les confrères ; que lorsque l'un d'eux mourra, les autres devront l'assister à ses derniers moments, le conduire honorablement à sa dernière demeure, prier et faire prier pour lui après sa mort (1). » Tels sont en abrégé les statuts approuvés par l'autorité diocésaine le 11 novembre 1644.

Et ces statuts ne furent point une lettre morte. La faible population échappée au désastre les observe rigoureusement, et l'archevêque Claude d'Achey, dans sa visite pastorale de 1651, constate que s'il voit partout des ruines, il a vu aussi au milieu de la vieille ville de guerre, *in medio oppidi*, la statue de sainte Barbe sauvée miraculeusement de l'incendie : *quæ inter incendia templi, incolumis evasit non sine prodigio* (2).

Un homme de bien dont la mémoire mérite d'être conservée, messire Barthélemi Lombard, curé de Conflans pendant cinquante-quatre ans, devient dès lors l'apôtre le plus zélé, le promo-

---

(1) Registres de la confrérie.
(2) Archives du Doubs.— Pouillés.— Décanat de Faverney.

teur le plus fervent de l'antique dévotion à sainte Barbe. Par ses soins, les statuts sont révisés, la confrérie réorganisée, le pape Clément XI lui accorde, le 5 juin 1705, les plus riches indulgences qui soient concédées à une confrérie particulière (1). Aussi le nombre des confrères s'accroît-il rapidement. Il semble que la piété des fidèles se ranime au contact de cette dévotion séculaire. Six cent soixante-dix-huit noms figurent dans les premières listes qui nous en restent, et si la plupart de ces noms appartiennent à Conflans et aux villages voisins, grand nombre témoignent aussi que cette dévotion était connue au loin et que la Lorraine, le Bassigny et la Champagne lui fournissaient des confrères aussi bien que la Franche-Comté.

Conflans ne peut plus être une ville de guerre, et semble alors vouloir devenir une ville sainte.

(1) Indulgence plénière : au jour de la réception; — au jour de la fête, — à l'article de la mort. — Indulgence de 60 jours pour toutes les processions, bonnes œuvres, visites à l'église faites par les confrères, etc. Tous ces détails et les suivants sont extraits de l'ancien registre de la confrérie.

Les bourgeois cèdent les débris de leurs remparts à deux maisons religieuses bientôt florissantes et toujours respectées. Les Récollets, et les religieuses du B. Pierre Fourier, en s'établissant sur ses ruines, adoptent aussi la dévotion à sainte Barbe. Les uns se font honneur d'assister à ses processions (1), et de prêcher chaque année le sermon du 4 décembre, les autres célèbrent solennellement la fête de sainte Barbe dans leur cloître, et tous rivalisent de zèle et d'empressement pour soutenir la dévotion populaire de leur patrie adoptive.

Grâce à l'exactitude et à la générosité de ses membres, la confrérie ne fait que prospérer dans le cours du XVIIIe siècle : elle fait restaurer la chapelle de sainte Barbe, achète des ornements magnifiques pour l'époque, a ses insignes particuliers, ses honneurs spéciaux, fait célébrer chaque année cent messes hautes pour les confrères défunts. Les personnages les plus distingués du pays, les officiers du duc de

---

(1) *Archives de la Haute-Saône*, H, 836, 837. Chacune des maisons religieuses de Conflans comptait de 30 à 32 membres.

Lorraine et du roi Stanislas, se disputent l'honneur de posséder l'image de sainte Barbe dans leur maison, et c'est ainsi que la pieuse association arrive aux jours néfastes de la révolution, où elle voit son église fermée, ses solennités suspendues, et sa statue chassée du lieu saint.

On pouvait croire que c'en était fait de la dévotion à sainte Barbe, et que cette humble association d'une paroisse déchue allait périr dans le naufrage général. Ah! rassurez-vous, hommes timides et de peu de foi ! vous connaîtriez bien mal la foi des Lorrains et la ténacité des Comtois, si vous croyiez qu'ils oublient en huit ans d'épreuves et d'injustices, des traditions et des souvenirs que couronnent huit siècles de gloire et de dévouement! A peine l'orage a-t-il cessé, et la première chose que les paroissiens demandent, c'est le rétablissement de l'antique confrérie, et bientôt on la voit se relever, continuer ses pieux exercices, accorder à ses membres nouveaux les honneurs et les prières qu'elle procurait aux anciens, et devenir, aujourd'hui comme autrefois, un sujet d'édification pour la paroisse et pour les environs.

Tel est le rapide exposé des motifs qui ont rendu si populaire dans cette contrée la dévotion à l'illustre martyre de Nicomédie. En face de ces faits, nous serons sobre de réflexions.

D'autres vous diront ce qu'il y a d'avantageux dans cette association, qui réunit dans une pensée commune de piété et de religion les membres d'une même paroisse et d'un même pays; l'honneur qu'il y a pour une maison chrétienne de posséder pendant un an cette vénérable image devant laquelle tant de générations se sont inclinées; le profit que l'on trouve à se ménager, par le moyen de la confrérie, des suffrages et des prières dont les héritiers deviennent de plus en plus avares; les faveurs que sainte Barbe obtient à ceux qui l'invoquent, et dont nous pourrions citer des exemples récents (1). Nous leur laissons volontiers ce soin,

---

(1) L'usage du pays veut que l'on se recommande à sainte Barbe dans les dangers imminents. Les secours inespérés obtenus par son intercession sont la meilleure raison de

et, nous bornant exclusivement au point de vue de la tradition et de l'histoire, nous vous dirons : Voyez ce qui reste à Conflans de son importance passée. La guerre a fait disparaître ses tours et ses murailles, on sait à peine où était son château (1), et si la vieille porte Saint-Nicolas n'était encore debout, témoin muet des douleurs du passé, rien n'indiquerait une ancienne ville de guerre. La révolution lui a retiré son titre de chef-lieu de prévôté, pour en faire une simple commune rurale ; aujourd'hui l'administration des postes lui enlève jusqu'à son vieux nom historique de Conflans en Bassigny (2). Il ne lui reste de réellement anciens que le chœur de sa vénérable église et sa vieille confrérie de sainte Barbe. Aujourd'hui encore, comme au XIVe siècle, Conflans n'est lieu de re-

---

maintenir cet usage. Un honorable capitaine d'artillerie habitant Conflans nous en cite aujourd'hui même plusieurs exemples. (4 déc. 1865.)

(1) La colline sur le versant occidental de laquelle s'élevait le château se nomme encore : Côte-Sainte-Barbe.

(2) Pour en faire Conflans-sur-Lanterne, d'après les indications de la municipalité.

fuge et ne voit les pèlerins s'abriter sous ses bannières que grâce à la confrérie dans laquelle ils viennent s'enrôler, et à la statue miraculeuse qu'ils viennent y vénérer. Ne voyons-nous pas tous les ans l'élite des populations voisines accourir dans cette église le quatre décembre, et compter parmi les grands jours de l'année, celui où elles viennent demander à sainte Barbe de Conflans, sa protection contre les accidents de la vie, et son assistance pour la dernière heure? Otez cette dévotion, et il ne vous restera plus que des souvenirs et des ruines, mais plus rien qui rattache le présent au passé, rien qui soit une protestation vivante contre les outrages du temps et des révolutions humaines! Ah! si vous aimez votre pays, si les souvenirs patriotiques ont encore le pouvoir de faire battre votre cœur, conservez et soutenez avec soin le seul monument historique qui soit resté debout sur votre sol bouleversé.

Si jamais, ce qu'à Dieu ne plaise, il venait un jour où cette antique confrérie n'existerait plus qu'à l'état de souvenir, ce jour serait des plus malheureux pour la paroisse, car il prouverait que vous renoncez aux saines traditions, et que la foi est en décadence parmi vous.

Nous disons quelquefois du mal de nos aïeux, nous les croyons des gens simples et bornés. Interrogeons les écrits qui sont les monuments de leur pensée, et nous serons bien obligés de convenir qu'ils avaient le sens droit, et qu'en suivant les lumières de la foi, ils obéissaient à une haute raison. On voudrait dans notre siècle faire oublier le passé, et nous amener à croire que c'est d'aujourd'hui seulement que l'homme s'élève par le cœur et grandit par l'intelligence. Nous n'en croyons rien ! Ceux qui s'affranchissent des pratiques religieuses peuvent-ils remplacer nos prières et nos confréries par quelque chose de mieux? Ont-ils inventé quelque moyen meilleur pour éloigner les fléaux, éviter la mort subite, obtenir un temps favorable aux moissons, que celui qu'employaient vos ancêtres quand ils faisaient avec l'image de sainte Barbe une longue procession sur leur territoire, ou sur leurs remparts menacés, et s'adressaient à Celui qui est le maître de la vie et de la mort, le seul dont relèvent les vents et les tempêtes.

On nous dit que les confréries étaient bonnes autrefois, mais que ces dévotions surannées ne sont plus à la hauteur de notre siècle. Non, les conditions de notre destinée sur la terre ne sont pas changées. Nous applaudissons de tout notre cœur aux progrès de l'industrie et des inventions modernes ; nous en usons même très volontiers. Mais de quel poids ces inventions et ces progrès peuvent-ils être dans la destinée d'un homme ? Empêchent-ils le plus illustre philosophe et le plus savant ingénieur de mourir tout comme au bon vieux temps, et d'arriver au terme fatal où la science suprême consiste pour eux comme pour le plus humble paysan, à invoquer sainte Barbe, patronne de la bonne mort, et à dire : Seigneur mon Dieu ! ayez pitié de moi, qui suis un misérable pécheur !

Ah ! que j'aime bien mieux, au lieu de combattre des théories désolantes, reposer mes regards sur cette pieuse assemblée, dont les membres accourus de loin retracent si bien la ferveur des anciens jours ! Que j'aime bien mieux me réjouir avec vous de ce que les traditions sont encore si vives, et la piété envers sainte Barbe si naïve et si confiante. Que j'aime bien mieux vous redire, après l'apôtre des nations : Souvenez-vous toujours ainsi de vos ancêtres : *Mementote præpositorum !* Ah ! il me semble voir les ossements de vos aïeux qui reposent sous les dalles de cette église, tressaillir de joie à la vue du respect que vous conservez pour leurs institutions ; il me semble les entendre vous dire, du fond de ces tombes que vous foulez aux pieds : O vous qui jouissez aujourd'hui des champs que nous avons défrichés et fécondés de nos sueurs, souvenez-vous qu'il est un héritage plus précieux que vous devez conserver fidèlement. C'est celui de la foi, de la piété et des bonnes mœurs. N'oubliez pas que la voie suivie par vos ancêtres est la seule qui conduise au bonheur. Nous avons traversé des jours mauvais, la douleur et les larmes ne nous ont point fait défaut, mais jamais notre confiance n'a été vaine. Grâce à la protection de sainte Barbe, notre dernière heure a été adoucie par les consolations de la foi, nos malheurs n'ont servi qu'à éprouver notre vertu, à embellir notre couronne. Marchez sur nos traces ! Et quand vous aurez accompli vos destinées de la patrie terrestre, la protectrice de notre vieille cité réunira les enfants à leurs pères, en leur ouvrant les portes de la cité sainte, de la véritable ville de refuge où la douleur et la mort n'auront plus d'accès. Ainsi soit-il.

BESANÇON, IMPR. DE J. JACQUIN.

www.ingramcontent.com/pod-product-compliance
Lightning Source LLC
Chambersburg PA
CBHW061016050426
42453CB00009B/1480